18 Geheimnisse

zur absoluten

finanziellen

Freiheit

Soeren Gelder

*Sollten Sie Fehler entdecken, obwohl es von
mehr als 5 Personen zur Probe gelesen
wurde (diese jedoch auch nur Menschen
sind und Fehler machen), dann wenden sie
sich bitte an* info@IhrEbook.de *und
schreiben mir den/die Fehler. Sie erhalten
dann ein Geschenk dafuer von mir.*

Inhalt:

1. Geld ist das Resultat von dem was Sie fuer andere Leute an Wert liefern

2. Geld = Wert multipliziert mit Hebel

3. Vergessen Sie Ihre limitierten

Glaubenssaetze ueber Geld

4. Ihre innere Welt wird Ihre aeussere Welt

5. Lieben Sie sich zuerst – Reichtum folgt

6. Schmeissen Sie Ihren TV weg!

7. Verkaufen Sie Produkte und nicht Ihre Zeit!

8. Geben Sie weniger aus als Sie verdienen

9. Investieren Sie einen Teil davon

10. Re-investieren Sie den Gewinn

11. Haben Sie die richtige Einstellung

12. Arrangieren Sie einen Mentor und ahmen Sie seinen Erfolg nach

13. Generieren Sie passive Einkommensstroeme und vergessen Sie fuer jemanden anderen zu arbeiten

14. Analysieren zuerst den Markt und bringen Sie dann fuer den profitabelsten Markt ein Produkt heraus

15. Marketing, Voraussicht und Verkauf sind die Lebensadern eines Business – Wie Sie sie richtig einsetzen

16. Befolgen Sie die 80/20 Regel

17. Akzeptieren Sie, dass Sie die Verantwortung fuer Ihr Leben uebernehmen

18. Tun Sie das und Sie werden zu 100% finanziell unabhaengig

1. Geld ist das Resultat von dem was Sie fuer andere Leute an Wert liefern

Finanzielle Freiheit erreichen Sie nicht dadurch, dass Sie von anderen Leuten Geld wegnehmen. Das mag kurzfristig zu einem Gewinn fuehren, ist jedoch illegal und nicht von Dauer. Finanzielle Freiheit erreichen

Sie, indem Sie Werte schaffen und so auf Dauer davon profitieren.

Finanzielle Freiheit bedeutet, dass Sie nicht mehr fuer Geld arbeiten muessen, sondern von den Einnahmen und Zinsen leben koennen und das tun koennen, was Sie liebend gerne machen (Sport treiben, reisen, Hobbys nachgehen usw).

"Wenn Sie denken, dass Bildung teuer ist, dann denken Sie mal darueber nach was Ignoranz kostet!" Brian Tracy

Also sollten Sie nicht an Ihrer Bildung sparen!

Heutzutage gibt es durch das Internet viele Quellen, um an das Wissen zu kommen, was Sie benoetigen, stellenweise Gratis und stellenweise zu einem Preis.

Zum Thema: Viele Leute, wenn nicht sogar die meisten (davon gehe ich sehr stark aus, denn die Masse ist einfach arm oder befindet sich im Mittelstand) denken, dass wenn diese von anderen Geld nehmen, dass diese dann mehr haben und die anderen weniger. Das ist natuerlich voellig absurdes Denken.

Denn denken Sie mal darueber nach. Was denken Sie hat mehr Wert auf Dauer: wenn Sie jemanden Geld nehmen oder wenn Sie Werte schaffen und dann dafuer langfristig Geld erhalten werden?

Ich denke, die Antwort sollte eindeutig sein.

Daher sollten Sie niemals (wirklich niemals!) von anderen Geld nehmen, um mehr zu haben, als diese/r. Das mag dann fuer einen kurzen Moment so sein, aber universelle Gesetze bestaetigen, dass das niemals so von langer Dauer sein wird und Karma ist dafuer verantwortlich, dass es Ihnen wieder genommen wird.

Wenn Sie jedoch anfangen zu geben und Werte schaffen, dann werden Sie auch erhalten. Es ist ein universelles Gesetz, was immer gilt und was nicht auszuhebeln ist. Es funktioniert immer. Immer!

Probieren Sie es doch mal:
Bsp.: Sie fragen einen Freund nach 100 EUR. Dieser wird Ihnen die 100 EUR mit Sicherheit geben, aber er will diese mit Sicherheit zurueck haben, eventuell sogar mit Zinsen. Nun bieten Sie diesem Freund einen Wert an und wenn dieser Freund diesen Wert sehr schaetzt, wird er Sie dafuer zahlen.

Sie geben zuerst und erhalten dann. Machen Sie es niemals so, dass Sie erst nehmen und dann nach mehr fragen. Sie befinden sich dann in einer Abwaertsspirale, was bis in die Obdachlosigkeit enden kann, wenn Sie an das "Nehmen niemals Geben" Weltbild glauben.

Daher hat Media Markt auch so viel Erfolg, da diese mit der Werbung "Geiz ist geil" die durchschnittliche Masse anspricht und diese selbstverstaendlich nach dem Sparsamkeitsprinzip leben und danach, dass nehmen und behalten sehr viel geiler ist, als geben und ausgeben. Diese leben nach dem Minimalprinzip und daher meistens ein sogenanntes Low-Life.
Nur wenn Sie ausgeben, das Geld fliessen lassen, wird es auch wieder zu Ihnen gelangen. Geld ist Energie und Energie

muss fliessen.

Indem Sie selber Werte schaffen, Werte, die Leute brauchen und deren Probleme loesen, werden Sie reich. Sie kennen mit Sicherheit die Goldgraeberstory aus den USA: Nicht die Goldgraeber wurden reich, sondern die cleveren Leute, die den Goldgraebern Schaufel und Schubkarren verkauften. Also nochmals: Schaffen Sie Werte und dann werden Sie niemals mehr zu den Leuten gehoeren, die kein Geld haben.

Leute die kein Geld haben, erwirtschaften einfach nicht genug Werte fuer andere Leute.

2. Geld = Wert multipliziert mit Hebel

Was ist mit "Hebel" genau gemeint?
Mit "Hebel" meine ich, dass ich mehr Geld
erwirtschaften kann, indem ich bestimmte
Hebel einsetze.
Viel erreichen mit wenig Einsatz von
gezielten Resourcen. Mit wenig Einsatz von

Geld oder Mitteln einen hohen ROI (Return of Investment) erreichen.

Je mehr Hebel Sie einsetzen, desto mehr Zeit, Geld und Kraft haben Sie fuer sich.

Das Internet ist ein fantastischer Hebel, um sehr viel mehr Leute zu erreichen als mit einem Geschaeft in einer Kleinstadt. Ebenso sind Suchmaschinen ein sehr guter Hebel, denn niemand muss mehr in eine Bibiliothek gehen, um dort die Regale nach Infos zu durchsuchen. Affiliates sind ebenso ein sehr wertvoller Hebel, um Webseiten bekannter zu machen.

Wenn Sie also momentan nicht genug Geld verdienen, dann liefern Sie momentan ganz einfach nicht genug an Werten fuer Ihre Umwelt und nutzen nicht genuegend Hebel.

3. Vergessen Sie Ihre limitierten Glaubenssaetze ueber Geld

Wenn Sie fortwaehrend glauben, dass Sie es sich selber nicht Wert sind, mehr als 2000 Euro pro Monat zu verdienen, dann werden Sie niemals mehr als diesen Betrag verdienen.

Das Universum gibt Ihnen immer genau das, was Sie sich bereits im Inneren vorstellen. Und der Grossteil der Leute glaubt ganz einfach nicht an sich selbst und an hohe realistische Betraege und daher erhalten diese dann auch diese hohen Betraege nicht.

Denken Sie sich reich! Glauben Sie daran, dass Sie es sich Wert sind 10000 Euro im Monat zu verdienen. Dann wird es auch wahr. Mit Sicherheit nicht in den naechsten 2-3 Tagen, jedoch innerhalb weniger Wochen sollten sich bereits Aenderungen einstellen und Sie werden die Moeglichkeiten erhalten, die Sie dann nur noch beim "Schopfe packen" muessen, was soviel heisst, dass Sie handeln muessen.

Und hierin unterscheiden sich 5% von den

restlichen 95% der Gesamtbevoelkerung: alle haben das gleiche Wissen und die gleiche Theorie, jedoch setzen nur 5% das gelernte Wissen, die Theroie, in die Tat um.

Erfolg kommt von handeln, von machen. Befreien Sie sich vom Glauben, dass irgendwas in Ihrem Leben passiert! 95% warten das ganze Leben darauf, dass irgendetwas passiert! Das ist eine passive Lebenseinstellung und diese erwartet nicht viel vom Leben. Befreien Sie sich vom Glauben, dass irgendwas passiert. Fangen Sie selber an zu handeln und setzen Sie Ihre Limits hoch, so hoch, dass diese noch realistisch sind. Nur wenn Sie an sich selber glauben, dann koennen Sie es erreichen.

Alle erfolgreichen Leute, insbesondere Sportler und Businesseigentuemer haben

einen Coach. Ich bin Businesscoach seit 2008 und fuer nur 99 Euro / halbe Stunde erhalten Sie Unterstuetzung von mir. Da Sie jedoch dieses eBuch erworben haben, erhalten Sie von mir die erste halbe Stunde absolut Gratis hier:
http://www.SoerenGelder.com/Coaching.html

Lassen Sie sich vom Video auf der soeben genannnten Seite nicht ablenken. Sie erhalten ein wirkungsvolles Coaching per Skype-Chat oder -Telefonat (falls Ihnen das lieber ist), was so manche Firma schonn 300%-1000% mehr Umsatz bescherte oder Anfaeger von 0 auf 15000 Euro/Monat verhalf.

4. Ihre innere Welt wird Ihre aeussere Welt

Wenn Sie andauerd und staendig Nachrichten, News, Schlagzeilen und Serien im TV ansehen, dann wird diese Welt ueber kurz oder lang auch Ihre auessere Welt. Das heisst, dass Sie sich fortwaehrend niedergeschlagen fuehlen von den negativen

Neuigkeiten aus dem TV.

Schmeissen Sie als erstes Ihr Fernsehgeraet weg, denn die News erhalten Sie ebenso aus dem Internet, wenn Sie unbedingt taeglich schlechte News lesen wollen.

Konzentrieren Sie sich eher auf positive Bilder und positive Nachrichten von Ihrer Aussenwelt.
Sie werden ausschliesslich das ernten, was Sie auch saehen oder womit Sie ihr Feld (Ihr Hirn) besaeen.

Wenn Sie negative Gedanken denken, werden Sie negative Umstaende ernten.

Wenn Sie positive Gedanken denken, werden Sie positive Umstaende ernten.

Das ist ganz einfach.

Stellen Sie sich vor, dass von allem in reichem Ueberfluss vorhanden ist. So denken Gewinner und Erfolgreiche.

Mittelklaessler und Verlierer denken, dass es ueberall nicht genug gibt und daher nehmen diese wo es nur moeglich ist.

Sie wissen nun allerdings, dass von Allem alles im Ueberfluss vorhanden ist und Sie daher ohne lange nachzudenken ebenso frei geben koennen.

Sie moegen dieses eventuell schon gehoert oder gelesen haben, aber Sie haben es schlicht und einfach nicht angewandt.

Nur wenn Sie auch tatsaechlich Ihre innere Welt zum Positiven veraendern, dann wird sich das auch in allen Lebensbereichen im

Aeusseren zeigen.

Dabei reicht es nicht, dass Sie dieses jetzt ausschliesslich lesen und dann wieder vergessen, sondern Sie sollten sich darueber auch Notizen machen.

Beispiele:

Sie schreiben Ihre positive Einstellung zum Sport auf einen Zettel und heften diesen an Ihren PC/Netbook/Notebook – eben dort wo Sie ihn jeden Morgen sehen.

Der 2-3 Mal woechentliche Sport ist eine wichtige Voraussetzung, damit Sie fit bleiben und sich richtig programmieren.

Denn wenn Sie es schaffen, mindestens 30 Minuten, vor dem Fruehstueck zu joggen und sich dabei einreden, dass die Welt und das Universum alles dafuer tun, dass Sie Ihrem Ziel naeher kommen, dann sind Sie damit schon weiter als 95% der Bevoelkerung.

Setzen Sie sich eine Erinnerung in Ihr Handy. Jedesmal wenn es einen Signalton abgibt (taeglich), dann sehen Sie die positive Nachricht.

Bsp: "Ich will monatlich 10000 Euro mit meinem Geschaeft verdienen." Wenn Sie diese Nachricht taeglich sehen und lesen, dann wird Ihre innere Welt nach einer gewissen Zeitspanne automatisch zu Ihrer aeusseren Welt.

5. Lieben Sie sich zuerst – Reichtum folgt

Grundvoraussetzung zum Erfolg ist endlose Selbstliebe. Wie wollen Sie Erfolge erzielen, wenn Sie selber nicht an sich und Ihren Erfolg glauben? Es ist unmoeglich.

Der Erfolg wird moeglich, wenn Sie sich lieben und das was Sie machen, um Erfolg zu haben.

Nur wenn Sie diese Liebe, dieses Feuer, diese Begeisterung in sich haben, dann koennen Sie dieses Feuer der Leidenschaft auch weitergeben.

Weitergeben in Form von Kreativitaet, die Sie zum Reichtum fuehrt.

Wenn Sie sich und Ihre Arbeit hassen und nicht moegen, dann werden Sie auch keinen Erfolg damit haben und keinen Reichtum anhaeufen, da Ihr Unterbewusstsein Bescheid weiss, dass Sie das, was Sie machen, nicht wirklich moegen. Sie sind dann sehr destruktiv und pessimistisch.

Sie kennen das Sprichwort: "Der einzige Mist auf dem nichts waechst, ist der Pessimist." Und dieses Sprichwort ist nicht nur ein Sprichwort sondern Tatsache.

Stellen Sie sich vor, dass Sie von innen scheinen und Liebe ausstrahlen und dass Sie damit ausschliesslich Liebe anziehen. Sie koennen Liebe und Reichtum nur erlangen, indem Sie zuerst innere Liebe fuer sich empfinden und diese dann geben. Sie befinden sich dann im Kreis des hellen Scheins und werden Liebe anziehen und das ist die Voraussetzung, um Erfolg zu haben und Reichtum anzuziehen und zu kreieren.

Achten Sie ebenso unbedingt darauf, welche Worte Sie gegenueber anderen Personen benutzen. Verletzen Sie muendlich und schriftlich niemanden. Es wird nur auf Sie zurueck kommen und damit bleiben Sie dann im negativen Kreis.

Wenn Sie beleidigt werden oder anderweitig

negativ bewertet werden – von Freunden, Familienangehoerigen, Bekannten, Fremden – dann seien Sie schlau und beleidigen Sie nicht zurueck, sondern senden Sie positive Energie und ignorieren Sie danach das was Ihnen entgegengebracht wurde, damit Sie den Kreis Ihrer positiven Energie aufrecht erhalten.

Negative Worte, negative Schreiben – was auch immer negativ (schlecht) ist – zeigen ausschliesslich auf in welcher negativen Geisteshaltung sich der Geber dieser negativen Attidude befindet. Dieser drueckt damit sich selber aus. Aus einer negativen Geisteshaltung kann niemals etwas Positives entstehen.

Als Beispiel will ich Ihnen die Kritik an einem Bild erlaeutern:

Ein Bild vom Maler Picasso.
Fragen Sie 10 Leute, die aus der Kunstszene kommen und Picasso Fan sind, nach deren Meinung ueber ein Bild von Picasso. Sie werden 10 positive Meinungen hoeren, da diese ausschliesslich das Positive im Bild erkennen.

Fragen Sie dagegen 10 Leute, die Kunst nicht moegen und auch sonst eine negative Geisteshaltung gegenueber Gemaelden haben, dann werden Sie 10 negative Meinungen hoeren, da diese die Schoenheit der Farben, die Einmaligkeit der Form und viele weitere positive Merkmale Picassos in seinen Bildern nicht erkennen.

Ich denke, Sie verstehen was ich meine, um es jedoch noch deutlicher zu machen, hier noch ein Beispiel:

Ein Parfuem erhielt 10 Auszeichungen fuer das beste Parfuem weltweit im Jahre 2012.

Fragen Sie 10 Leute nach der Meinung ueber das Parfuem, die kein Parfuem benutzen, weil Sie Unnatuerlichkeitnicht moegen und auch sonst eine negative Geisteshaltung gegenueber schoenen Geruechen haben. Sie werden nicht 10 positive Meiungen zum Parfuem erhalten.

Achten Sie also darauf, dass Sie eine positive Grundeinstellung haben und diese auch nach aussen abgeben.

Wenn Ihnen etwas absolut nicht passt, dann koennen Sie es immer noch so ausdruecken:

"Das ganze gefaellt mir. Ich habe jedoch schon besseres gahabt."

Vermeiden Sie unbedingt negative Auesserungen, die nicht das Produkt oder die Person, die zum Produkt gehoeren bewerten, sondern diese Auesserungen zeigen sehr genau welche Geisteshaltung in der Person, die die Berwertung abgibt steckt.

Ignorieren Sie negative Dinge, die auf Sie zukommen, denn so geben Sie ihnen keine Kraft und Sie bleiben im positiven Kreis.

6. Schmeissen Sie Ihren TV weg!

Die Deutschen lieben ihren Fernseher. Der Fernseher ist ein Teil der meisten Deutschen geworden. Die Deutschen kennen mehr Werbesprueche aus dem TV als diese einfache Mathematik-Aufgaben loesen koennen. Gruesse an die Pisa-Studie, in der Deutschland nicht sehr gut abschloss!

Dabei vergessen Sie meisten ebenso unbewusst, dass diese wertvolle Lebenszeit vor dem TV-Geraet verschwenden.

Indem Sie TV glotzen, konsumieren Sie unbewusst. Oder wieso denken Sie, dass Millionen und Milliarden von Euro in die Werbung geteckt wird?

Weil diese Werbung viele Leute erreicht und ebenso wirksam ist. Leute greifen unbewusst zu den Artikeln und zu den Marken, die diese in der Werbung sahen, da diese ihnen vertraut vorkommen.

Wenn Sie zuviel TV sehen, dann werden Sie unkreativ und faul.

Sie leben dann das typische Box-Leben: Morgens aus der Box (dem Bett) aufstehen, in die Box hinein (Duschkabine) und Brot in die Box packen, dann aus der Box heraus (aus dem Haus), in die Box hinein (der Mittelklassewagen), in die Box hinein (in's Buero), dann aus der Box essen, dann wieder hinein in die Box (in's Auto) zum Feierabend) und in die grosse Box (das Haus) und vor die Box (dem TV) legen und hinein in die Box (Duschkabine) und dann in die andere Box (Bett) und am naechsten Morgen wiederholt sich das Ganze. Und das meistens Lebenslang, mit 30 Tagen bezahlten Urlaub pro Jahr.

Fangen Sie also damit an, Ihren Fernsehkonsum zuerst zu minimieren und sich tatsaechlich nur noch das anzusehen, was Sie unbedingt und mit grosser Wichtigkeit sehen wollen. Meistens koennen Sie das auch online sehen, wenn es die News oder ein interessanter Fim sind.

Nach der Zeit werden Sie feststellen, dass Sie es gar nicht brauchen. Sie werden einen Fernsehentzug feststellen in der ersten Zeit, welchen Sie jedoch mit kreativer Arbeit oder Sport kompensieren koennen.

Nutzen Sie die Zeit, die Sie ohne ein TV-Geraet verbringen, um neue Plaene zu schmieden und eine erfolgreichere Zukunft zu planen.

Visualisieren Sie nicht die Kriminalitaet, die Sie taeglich im TV sehen und die Negativitaet der schlechten TV-Nachrichten, die Sie in einen "schlechte Laune Sog" herabziehen, aus dem Sie nur durch Abstinenz vom TV-Geraet herauskommen.

Sie werden niemals in den Nachrichten hoeren, dass es zum Glueck wieder friedlicher auf dem Planeten geworden ist.

Stattdessen werden Sie mit negativen Meldungen taeglich bombadiert und Sie merken unbewusst garnicht, dass Sie diese Negativiataet absorbieren und selber die Welt als schlecht und grausam sehen und sich nur in Ihrer Box sicher fuehlen.

Visualisieren Sie stattdessen, das was Sie sich wuenschen, ohne die negativen Bilder aus dem TV.

Alles ist moeglich, Sie muessen nur starten.

Am besten sofort: Gehen Sie zu Ihrem TV, ziehen Sie den Stecker aus der Stecksdose und werfen Sie ihnn aus dem Fenster! Sie brauchen ihn nicht auf dem Weg in die finanzielle Freiheit!

7. Verkaufen Sie Produkte und nicht Ihre Zeit!

Wenn Sie Ihre Zeit fuer Geld verkaufen, dann ist diese Zeit limitiert und ebenso Ihr Gehalt.

Sie werden damit niemals reich, ausser Sie haben das grosse Glueck in einer grossen Firma/Bank als Geschaeftsfuehrer (C.E.O.) angestellt zu sein und im Jahr ein Millionengaehlt zu beziehen. Dann koennen Sie 2-3 Jahre arbeiten und sind auch dann finanziell frei.

Diesen Weg haben nur die Wenigsten.

Die meisten arbeiten fuer 1500-2000 Euro pro Monat und haben viele, viele Abgaben und am Monatsende bleibt bei denen nicht viel uebrig.

"Profite sind besser als Loehne" lautet ein Sprichwort.

Wenn Sie ein Produkt anbieten, was der Markt will, dann sind Ihre Profite unbegrenzt – ausschliesslich begrenzt auf die Leute, die das Produkt haben wollen und das kann die ganze Bevoelkerung sein und darauf was Sie als Preis dafuer wollen.

Ihre Zeit ist begrenzt auf einen Stundenlohn und zudem muessen Sie nach der Pfeife von Ihrem Chef tanzen oder Sie sind "schnell weg vom Fenster" und muessen sich nach einem anderen Job umsehen. Und wenn es Ihnen wie den meisten Deutschen geht, dann sind Sie mit 99%iger Wahrscheinlichkeit nicht mehr bei Ihrem ersten Arbeitgeber. Entweder wurden Sie entlassen, Ihr Arbeitgeber ist Pleite gegangen, weil dieser nicht die neuen Gesetze der Info-Gesellschaft folgte oder Sie haben einen sogenannten besseren Job gefunden und haben Ihre wertvolle Zeit fuer einen hoeheren Stundenlohn eingetauscht und sind somit schon bei Arbeitgeber Nummer 5 oder noch mehr gelandet.

Mit einem Lohnabhaengigen Job sind Sie ganz unten auf der Einkommenspyramide.

Der Staat und Ihr Arbeitgeber haben alles so eingerichtet, dass Sie nicht rebellieren:

Bloss nicht zu viel Lohn, sondern gerade soviel, dass Sie Monat fuer Monat immerwaehrend brav wieder am Arbeitsplatz erscheinen, um Ihr taeglich Brot zu verdienen, um sich einen Mittelklassewagen zu leisten und mal nach Mallorca oder an den Gardasee mit der Familie fuer 1-2 Wochen zu reisen.

Wenn dem so ist, dann sind Sie, wie es die Amerikaner nennen, im Hamsterrad, dem Sie ausschliesslich dadurch entkommen koennen, indem Sie zuerst solange dort bleiben, bis Sie nach einiger Zeit soviel angespart haben, dass Sie Ihren Job aufgeben koennen und sich selbstaendig machen koennen oder sofort kuendigen und sofort durchstarten mit der richtigen Idee.

Wenn Sie dann selbstaendig sind, sollten Sie am Start unbedingt beachten, dass Sie bloss keine Kredite aufnehmen, um durchzustarten. Ausser Sie sind so ueberzeugt von Ihrer Idee wie es damals Steve Jobs mit Amazon war, der eine Vision von einem internationalen Buchladen hatte, welchen er mit Amazon erfolgreich umsetzte, jedoch ausschliesslich am Anfang mit Kapitalgebern.

Falls Ihre Idee nicht so gut ankommt und Sie mit 1 Million Euro in der Kreditfalle sitzen, dann haben Sie es nicht leicht, dort wieder heraus zu kommen.
Starten Sie daher klein. Ich gebe Ihnen auf

http://www.SoerenGelder.com in unregelmaessigen Abstaenden Ideen, um sich selbstaendig zu machen. Von mehr als 6000 Lesern, taeglich werden es mehr, haben bereits viele Leser erfolgreich damit begonnen, meine Ideen umzusetzen.

Bieten Sie ebenso ein Produkt an.
Mit einem Produkt machen Sie sich unabhaengig von Befehlen von Ihrem Chef und koennen selber bestimmen, wann Sie arbeiten und wo Sie arbeiten.

Seit rund 6 Jahren hoere ich keinen Wecker mehr, ausser ich will zu meinen eigenen oder anderen Veranstaltungen fliegen, die ein fruehes Aufwachen erfordern.

Mit einem eigenen Produkt bestimmen Sie Ihr Leben. Welche Produkte die besten am Markt sind, kann ebenso hier herausgefunden werden:

Mehr als 1000 Kaeufer koennen nicht irren und mein Erfolg ist der Beweis.

Ich habe bisher 43 Laender besucht und arbeite von dort wo es mir passt und wann es mir passt. Ich lehre Ihnen ebenso, wie Sie einen von Reichtum in allen Lebenslagen gefuellten Lebensstil leben koennen, hier:

http://www.SoerenGelder.com

8. Geben Sie weniger aus als Sie verdienen

Viele haben am Ende des Monats mehr Monat als Geld uebrig. Das liegt daran, dass die Gesellschaft Sie als Konsumenten erzogen hat, anstatt Sie als Sparer zu erziehen, obwohl die Deutschen als Sparweltmeister bekannt sind, jdoch nicht richtig sparen und nur ueber einen kurzen

Zeitraum.

Gerade junge Leute im Alter von 16-30 verschulden sich das ganze Leben, indem diese auf so angeblich guenstige Hauskredite und Reisekredite hereinfallen.

Zudem ueberkaufen sich viele Leute, meistens junge Leute, mit elektronischen Dingen und den neuesten Autos, die schnell an Wert verlieren und auch ebenso schnell aus der Mode sind. Der Gemeinschaftsdruck, in der Schule/Ausbildung und spaeter am Arbeitsplatz, immer die neuesten und schicksten Sachen und Handys zu haben waechst. Da ist es nicht verwunderlich, dass sich Leute schnell von Werbung und Co in den Bann ziehen lassen und iPhone und Samsung S3 haben muessen, obwohl diese Firmen nach 6 Monaten schon wieder ein neue Geraete produzieren und das das ach so neue Geraet schon wieder veraltet ist und irgendwie das neueste Handy finanziert werden muss. Und schon sind wieder 600 Euro ausgegeben, die nicht wirklich vorhanden sind, sondern der Kredit der Bank aushilft.

Sie werden von Gewohnheiten getrieben. Achten Sie auf Ihre Gewohnheiten. Nehmen Sie sich zurueck und kaufen Sie nicht jedes neue Spielzeug, was auf den Markt kommt.

Wenn Sie 2000 Euro im Monat verdienen, dann legen Sie mindestens 10% auf die Seite.

Achten Sie dabei darauf, dass Sie niemals das ganze Geld im Monat ausgeben. Bezahlen Sie sich immer ausschliesslich zuerst und dann andere Dinge. Sie werden nach einer gewissen Zeit feststellen, dass Sie gar nicht so viele materielle Dinge benoetigen, um gluecklich zu sein. Ebenso werden Sie feststellen, dass es nicht wirklich materielle Dinge sind, die Sie gluecklich machen, denn dieses Glueck haelt nur fuer kurze Zeit an und dann wollen Sie wieder das naechste materielle Ding, das auf den Markt kommt.

9. Investieren Sie einen Teil davon

Wenn Sie 10% jeden Monat bei Seite legen, dann haben Sie nochmals 10% von den 2000 Euro, die Sie investieren koennen. Ebenso koennen Sie die ersten 10%, die Sie zur Seite legten, investieren. Das haengt von Ihrer Risikobereitschaft ab.

Das kann in einen Sparplan sein bei der Bank, in einen Immobilienfond, Aktienfond oder anderen Fond.

Wenn Ihnen das zu Riskiobehaftet ist, dann investieren Sie wenigstens die 10% in Ihre Sparstruempfe und legen diese in Ihren Schrank. Bedenken Sie dabei jedoch die Inflation, die von Jahr zu Jahr zunimmt. Alternativ legen Sie mindestens 5% in Gold /Silber an, denn diese verlieren nie an Wert, wie die lange Geschichte bereits gezeigt hat. Nochmals: Bezahlen Sie sich zuerst und das am besten, indem Sie investieren!

Ein sehr starker Markt ist momentan der Oel-Markt, dessen Preise von Jahr zu Jahr steigen. Ich bin der Meinung, dass sich eine Investition in diesen Markt rentiert.

Wenn Sie schnelle Gewinne erzielen wollen, dann werfen Sie einen Blick auf den Forex-Markt und traden (handeln) Sie mit Devisen und binaeren Optionen. Mit dem richtigen Haendchen koennen Sie hier sehr hohe Gewinne erzielen. Vorsicht! Sehr risikoreich!

Ich empfehle nicht, dass Sie auf Ihr Sparbuch einzahlen, da die Gewinne sich quasi mit der Inflation wieder eliminieren und Sie am Ende (nach 10-30 Jahren) nur soviel erhalten, wie Sie eingezahlt haben – eventuell 1-2% mehr, was minimale

Gewinne sind.

Mindestens 8-12% p.a. versprechen Teakholzinvestments. Teakholz ist ein sehr feines und wertvolles Holz, was als Investment beachtet werden sollte.

Investieren Sie ebenso in Ihre Bildung, so wie Sie es mit dem Kauf dieses Werkes machten. Eine Investition in die eigene Bildung ist noch immer die beste Investition.

Sie kennen bereits den Spruch:
"Sie denken, dass Bildung teuer ist? Dann bedenken Sie wie teuer keine Bildung ist!"

Besuchen Sie ebenso Weiterbildungsseminare zum Thema Persoenlichkeitsentwicklung und Finanzen.

10. Re-investieren Sie den Gewinn

Schon Albert Einstein erkannte, dass es die intelligenteste Form der Geldvermehrung ist. Das Wiederanlegen von erzielten Gewinnen.

Werden Sie nicht ungeduldig nach einigen Jahren und ziehen Sie nicht zu voreilig Ihre Gewinne von Ihren Investments. Je geduldiger Sie sind, desto hoeher werden Ihre Gewinne werden.

Es gibt viele Investmentplan-Anbieter, die Ihnen pro Monat und pro Jahr anbieten, Ihre erzielten Dividenden wieder anzulegen, anstatt diese an Sie auszuzahlen.

Nehmen Sie dieses Angebot unbedingt wahr, so dass Sie Zinseszinsen erhalten.

Eine sehr powervolle Anlageform mit der Sie mit viel Geduld innerhalb von 25-30 Jahren bei einem Investment von monatlich 500 Euro mit einem jaehrlichen Gewinn von mindestens 10% auf mehr als 1 Million Euro gelangen koennen. Bedenken Sie, dass Sie den Gewinn selbstversatendlich wiederanlegen und das jaehrlich.

Wenn Sie wissen wollen, mit welchen

Investments ich seit mehr als 20 Jahren Erfolg habe und dadurch ein stattliches Vermoegen angehaueft habe, dann empfehle ich Ihnen im Kapitel 12 genauer hineinzulesen.

11. Haben Sie die richtige Einstellung

Wenn Sie die richtige psychologische Einstellung haben, dann erreichen Sie auch die finanzielle Unabhangigkeit. Denn 80% wahren Reichtums haengen von der Psychologie und 20% von den Mitteln (dem Mechanismus, der Mechanik) ab.

Mark Zuckerberg wollte als Student ein

Online-Studentennetzwerk aufbauen. Er tat es. Es verbreitete sich rasend schnell und hat nun rund 1 Milliarde Mitglieder weltweit bei facebook. 2012 ging facebook an die Boerse und machte Mark zum Billionaer und einige seiner Aktieninhaber. Seine Idee entstand im Kopf, er glaubte an den Erfolg und er nutzte die richtigen Mittel (Internet, virales Marketing durch Profile, Annoncenschaltungsmoeglichkeit fuer Mitglieder, Boersengang) zum Erfolg.

Wenn Sie denken, dass Sie es nicht schaffen, dass Sie finanziell unabhaengig werden, dann liegen Sie richtig. Wenn Sie denken, dass Sie es schaffen, dass Sie finanziell unabhaengig werden, dann liegen Sie ebenso richtig.

Sie erkennen mit Sicherheit schon, dass ich Ihnen klar machen will, dass es sehr wichtig ist, wie Sie Ihr Gehirn programmieren.

Programmieren Sie es auf Erfolg und darauf, dass Sie es schaffen, denn es wird vieles leichter machen in Ihrem Leben.

Denken Sie sich reich!

Ich habe zu diesem Thema 2 eBuecher (eBooks) bei Amazon.de herausgebracht, die es Ihnen erleichtern, Ihr Gehirn mit taeglichen Uebungen richtig zu programmieren und so Reichtum anzuziehen. Eines mit dem Titel "Wieso Sie kein Millionaer sind – Die Gedankengaenge der Millionaere" als eBook und hier als Buch und als zweites eBuch "Wie Sie alles im Leben erreichen". Das zweite eBuch zeigt sehr genaue Techniken zum Erreichen Ihres Zieles auf, welches mit so exakten Vorgehensweisen so fuer den deutschsprachigen Raum noch nicht niedergeschrieben wurde.

Mit diesen beiden Buechern haben Sie einen entscheidenen Vorteil gegenueber Leuten, die dieses Wissen nicht haben, um universelle Gesetze anzuwenden, die Ihr Gehirn auf die richtige Eistellung programmieren und Sie schnell zum Erfolg fuehren.

Dieses Wissen ist Grundvoraussetzung, welches Sie unbedingt haben sollten, wenn Sie die finanzielle Freiheit anstreben.

Sobald Sie dieses Wissen (80%) haben, erhalten Sie die Tools (die Menchanik), welche nur 20% ausmachen, um Erfolg zu haben. Und auf die Tools gehe ich in spaetere Kapitel ein, die aufzeigen, wie Sie sich richtig verwenden und welche Sie besser nicht verwenden sollten.

Eines ist sicher und das ist die Verwendung der Hebelwirkung in allen Lebensbereichen, um schnellen und ausserordentlichen Erfolg zu haben.

12. Arrangieren Sie einen Mentor und ahmen Sie seinen Erfolg nach

Viele Sportler, erfolgreiche Businesseigentumer und Stars haben einen Mentor, einen Coach, der sie live auf Erfolg programmiert.

Ich habe einen Businesscoach seit dem Jahre 2008 und konnte sehr viel lernen. Ich bin sehr dankbar dafuer, dass ich einen Menschen an meiner Seite habe, der unaufhoerlich an mich gaubt, neben meiner Familie.

Seit 2008 bin ich ebenso Coach und betreue hauptsaechlich Klienten aus dem Businessstart- und aus dem bereits bestehenden Businessbereich.

Ich habe dazu ebenso ein eBuch bei Amazon.de veroeffentlicht, mit dem Titel: "Gratis Online Coaching", um Ihnen eine halbe Stunde kostenloses Gratis Online Coaching per Skype anzubieten.

Ebenso habe ich dazu eine Webseite eingerichtet, die Sie hier besuchen koennen: http://www.SoerenGelder.com/Coaching.html Machen Sie einen Anfang und buchen Sie Gratis und unverbindlich eine halbe Stunde

Online Coaching mit mir.

Mein Business Model funktioniert seit 2008 und ich bin seit 1995 online und weiss ganz genau, was funktioniert und was nicht.

Wenn Sie ebenso unabhaengig werden wollen und das nicht nur von Ihrem Boss, sondern ebenso Zeit- und Ortsunabhangig arbeiten wollen und das Leben dort geniessen wollen, wo Sie es sich wuenschen, so wie ich es schon seit Jahren mache, dann empfehle ich Ihnen mein Coaching, denn ich fuehre Sie durch 1:1 Live-Gespraeche zum Erfolg. Das ist wirksamer als wenn Sie eine Business-in-der-Box Version fuer 2000-5000 Euro kaufen, welche Sie dann sowieso nicht durcharbeiten, da Sie ueberwaeltigt sind von den vielen Informationen, die andere Internetmarketer anbieten.

Bei (m)einem Live 1:1 Coaching gehen wir schrittweise voran, so dass Sie zwischendurch ebenso Pausen haben und durch schrittweise Erfolgsanleitungen gelangen Sie nicht von heute auf morgen zum Erfolg, sondern innerhalb von 3 Monaten.

Ich gebe Ihnen 1:1 meine Vorgehensweise beim Businesserfolg weiter, so dass Sie zu 100% Erfolg haben werden, denn was bei mir funktioniert, wird auch bei Ihnen funktionieren.

Gehen Sie zu http://www.SoerenGelder.com/Coaching.html und tragen sich dort mit Ihrer E-mail ein und Sie werden von mir lesen/hoeren.

Fuegen Sie mich ebenso zu Ihrem Skype

hinzu, wenn Sie Interesse haben:
onlinebusinessowner

13. Generieren Sie passive Einkommensstroeme und vergessen Sie fuer jemanden anderen zu arbeiten

Wie schon in einem anderen Kapitel erwaehnt, sollten Sie unbedingt aufhoeren

Ihren Boss reich zu machen und fuer ihn zu arbeiten. Ihr Boss lacht sich in's Faeustchen, denn Sie arbeiten fuer ihn in Lohnabhaengiger Beschaeftigung, was ihn reich macht, aber nicht Sie.

Starten Sie damit, passive Einkommensstroeme aufzubauen.

Sie koennen eine Immobilie erwerben und das muss nicht unbedingt im Ausland sein, sondern kann ebenso in Deutschland sein. Sie zahlen monatlich die Rate ab und vermieten die Immobilie gewinnbringend. So fliessen jeden Monat viele Euro auf Ihr Konto, ohne dass Sie viel machen muessen.

Outsourcen Sie nach Asien und lassen Sie andere Leute in Asien Ihre Arbeit, fuer nur ein Fuenftel von dem was in Deutschland ein Arbeiter verlangt, machen.

Auf http://www.freelancer.com finden Sie viele dieser Leute.

Schreiben Sie ein Buch und veroeffentlichenn Sie es und verdienen Sie Lebenslang Tantieme. Wie das innerhalb von 2 Wochen geht, ohne dass Sie selber ein Buch schreiben, erklaere ich in einem Kurs, wenn Sie sich hier mit Ihrer Email eintragen, so wie es bereits mehr als 1800 Leute taten (Stand: Januar 2013)

http://www.IhrEbook.de

Investieren Sie, wie schon erwaehnt, einen Teil Ihres Einkommens und re-investieren Sie dann in Aktien, Immobilien, Gold, Silber und Oel. Seien Sie geduldig, denn die Maerkte wachsen nach 10, 15, 20, 25, 30 Jahren ueblicherweise. Bedenken Sie dabei, dass Sie Ihre Anteile weltweit auf verschiedene Sektoren- und Wirtschaftsbereiche streuen, um Ihr Risiko zu minimieren.

Spenden Sie einen Teil einer gemeinnuetzigen Gemeinschaft. Das was Sie geben wird in irgendeiner Form wieder zu Ihnen gelangen und das meistens in vielfacher Form.

Nutzen Sie auf alle Faelle immer den Hebel, den Hebel, um Ihnen mehr Freizeit zu geben und das zu machen, was Sie wollen und nicht was Ihnen Ihr Boss vorgibt.

Ich will Ihnen einige passive Einkommensstroeme – Tools vorstellen, damit Sie schnell durchstarten koennen:

Pressemitteilung:

Mit einer einzigen Pressemitteilung erreichen Sie mehr als 120 Pressestellen und das Deutschlandweit. Fuer nur 49,99 Euro, inkl. MwSt. an info@soerengelder.com bei http://www.paypal.de oder http://www.moneybookers.com senden wir Ihre Pressemitteilung einmalig an mehr als 120 Pressestellen, inklusive Erfolgsbericht.

Autoresponder:
Bei aweber.com koennen Sie fuer nur 1 Euro starten und einmalig Ihre gewuenschten Nachrichten schreiben und diese dann von aweber zu Ihrem gewuenschten Termin heraussenden lassen. In Ihren Nachrichten koennen Sie ein Buch, ein Kurs, ein Produkt von Ihnen anbieten, was Sie durch einen Drittanbieter an den Kaeufer heraussenden lassen.

Das sind nur 2 von 50 Tools, die ich benutze. Auf http://www.SoerenGelder.com stelle ich Ihnen in einem Kurs die weiteren 48 Tools vor, die ich nutze, um passive Einkommensstroeme zu generieren und Sie es ebenso machen koennen. Mehr als 1800 Leser koennen nicht irren – und taeglich werden es mehr (Stand Januar 2013). Tragen Sie sich mit Ihrer E-mail ein und starten Sie einen unabhaengigeren Lifestyle, den ich schon seit vielen Jahre lebe, wo ich will und wann ich will, weltweit.

14. Analysieren zuerst den Markt und bringen Sie dann fuer den profitabelsten Markt ein Produkt heraus

Es ist kein Wunder, dass ein grosser Prozentteil keinen Erfolg mit einem Business hat und mehr als 20000 Geschaefte in Deutschland schliessen muessen jedes Jahr (sowohl online als auch offline). Denn die, die es wagten, sich selbstaendig zu machen mit einer eigenen kleinen Firma oder als 1-Mann/1-Frau Unternehmen (Einzelunternehmer/in), analysierten ganz einfach nicht genau den Zielmarkt.

Das ist jedoch Voraussetzung, um Erfolg zu haben.

Wenn Sie es nicht richtig machen wollen, dann veroeffentlichen Sie ein Produkt, wovon Sie denken, dass es der Markt haben will, nur weil es Ihnen gefaellt.
Damit werden Sie schnell erfolglos bleiben.

Womit Sie eventuell Erfolg haben koennen und die Wahrscheinlichkeit hier schon hoeher ist, ist wenn Sie ein Produkt auf den Markt bringen, wofuer Sie brennen, was Ihre ganze Leidenschaft ist und obwohl Sie wissen, dass es dafuer keinen Markt gibt,

Sie jedoch die Masse so fuer Ihr Produkt faszinieren koennen, dass diese Leute vor lauter Begeisterung Ihr Produkt kaufen, obwohl diese es gar nicht brauchen. Ausschliesslich durch Ihre Faszination fuer das Produkt und dem Talent, diese Begeisterung in anderen Leuten zu entzuenden, kann aus Ihrem Produkt, wofuer eigentlich kein Markt vorhanden ist, schnell ein begehrtes Produkt machen, ausschliesslich wegen Ihrer Marketingmessage (siehe Red Bull Getraenk – niemand benoetigt es, aber es verleiht Fluegel und 50% der Gewinneinnahmen von der oesterreichischen Red Bull Firma wurden wieder und wieder in's Marketing gepumpt). Und so muss zwangsweise aus diesem Produkt ein Erfolg werden.

Aber das ist sehr aufwendig.

Der Erfolgversprechende Weg kommt durch die Analyse des Marktes. Heute koennen Sie das Google-Keyword-Tool nutzen, um herauszufinden, ob es vor Veroeffentlichung Ihres Produktes bereits einen Markt dafuer gibt und ob dieser Markt bereit dafuer ist, ein neues, weiteres Produkt zu akzeptieren.

Sie koennen damit genau analysieren, ob Sie einen starken Wettbewerb in dem anvisierten Markt haben oder einen nicht so starken Wettbewerb.

Sobald Sie das analysiert haben, koennen Sie starten ein Produkt zu entwicklen und es auf den Markt bringen.

Der Erfolg muss einsetzen.

Seien Sie so schlau und analysieren Sie

zuerst den Markt und veroeffentlichen Sie dann fuer den profitabelsten Markt mit den wenigsten Wettbewerbern Ihr Produkt!

15. Marketing, Voraussicht und Verkauf sind die Lebensadern eines Business – Wie Sie sie richtig einsetzen

Das vorangegangene Beispiel von Red Bull zeigte sehr deutlich, dass Marketing ein ueberlebenswichtiger Bestandteil eines jeden Business ist.

Vor nur 10 Jahren wurden die meisten

Marketingstrategien auf die Zeitung, auf die Gelben Seiten, auf das TV-Geraet und auf die Radio-Werbung begrenzt.

Wenn Firmen ausschliesslich diese Felder in den heutigen Tagen fuer deren Marketing einsetzen, dann hat das nicht mehr den Erfolg wie vor 10 Jahren.

Die Leute schauen zwar auch noch fern und hoeren Radio, blaettern jedoch selten in den Gelben Seiten nach Firmeninformationen und es werden weniger die Radio hoeren.

Denn es gibt die neuen dominierenden Medien, die sich Facebook, Social Media und "Co" nennen.

Die neue Generation haelt sich auf YouTube, auf Facebook, auf Twitter, Pinterest, Instagram und anderen Medien auf.

Dabei erweitert sich der Markt staendig und die neuesten Zahlen zeigen, dass der Trend zum Handy-Marketing geht.
Mehr als 1000 Kaeufer wollen seit 2009 wissen, welche HandyWerbung ich nutze, um Erfolg zu haben.

Auf http://www.SoerenGelder.com/HandyWerbung.html verrate ich meine Strategien. Fuer das Jahr 2013 ist bereits klar, dass mehr als 50% das Internet per Smartphone ansurfen und da ist es klar, dass Handy Werbung und -Marketing unausweichlich sind.

Auf meinem YouTube – Kanal http://www.youtube.com/user/kopierenundeinfuegen ist mein Anfangsvideo ein Video zum Thema mobiles Marketing und ich spreche ueber Veraenderungen im mobilen Bereich im

Jahre 2013.

Seien Sie vorbereitet!

Mit mir bleiben Sie in weiser Voraussicht informiert, wohin sich das Marketing entwickelt und das ueberwiegend 2-3 Jahre bevor die Konkurrenz diese Marketingkanaele nutzt.

Der Verkauf startet bereits, wenn sich Ihr Kunde in Ihren Newsletter eintraegt.

Sie koennen ihm sofort das Produkt anbieten oder ihm zuerst ein Geschenk in Form eines Gratis Reports machen. Beide Methoden funktionieren gleichermassen gut.

Wichtig ist, dass Sie zu Ihren potentiellen Kunden eine gute Beziehung aufbauen.

Seien Sie transparent, so wie ich es bin –
schauen Sie auf meinen YouTube-Kanal –
ich bin sehr transparent bei dem was ich
mache – nicht nur im Businessbereich.
Sie schaffen damit Vertrauen und das ist
sehr wichtig, wenn Sie wollen, dass Kunden
Ihr Produkt kaufen.

Seit 2006 vertrauen mir Paypal und
Moneybookers und das weil ich mit meinen
Produkten Mehrwehrt biete und will, dass
meine Kunden ebenso Erfolg haben.
Und das rechnet sich natuerlich auf den
langen Zeitraum. Haben Sie ebenso immer
den Fokus auf die lange Zukunft und nicht
nur auf den kurzfristigen Gewinn. Bauen
Sie eine Beziehung zu Ihren Kunden auf.

Stechen Sie hervor aus der Masse, denn der
Kunde von heute ist durch das Internet
informiert und hat mit Sicherheit nicht nur

Ihr Produkt und Ihr Angebot vor den Augen sondern kann vergleichen. Und wenn Sie im Vergleich gewinnen wollen, dann bieten Sie immer langfristigen Mehrwert fuer den Kunden! So werden Sie auch in Zukunft an den gleichen Kunden verkaufen.

16. Befolgen Sie die 80/20 Regel

Die 80/20 Regel besagt, dass 80% Ihres Erfolges von 20% Ihres Einsatzes kommen.

Es ist das Pareto Prinzip.

Hier einige weitere Beispiele:

80% Ihrer Profite kommen von 20% Ihrer

Kunden

80% Ihrer Beschwerden kommen von 20% Ihrer Kunden

80% Ihrer Profite kommen von 20% der Zeit die Sie dafuer aufwenden

80% Ihrer Verkaeufe kommen von 20% Ihrer Produkte
usw.
Sobald Sie sich dessen bewusst sind, verstehen Sie Ihr Business besser und koennen Sie sich somit staerker auf die 20% konzentrieren.

Diese Regel ist ebenso anwendbar auf das taegliche Leben.

Sie muessen automatisch Erfolg herbeizwingen, wenn Sie diese Regel beachten und von ihr lernen.

Es ist eine unvierselle Regel, die die meisten gar nicht kennen und somit ebenso nicht anwenden.

Nur wenn Sie sie verstehen und die Nuetzlichkeit der Regel auf Ihre Profite anwenden, werden Sie somit Ihre Kunden und Ihre Profite um ein vielfaches erhoehen.

17. Akzeptieren Sie, dass Sie die Verantwortung fuer Ihr Leben uebernehmen

Die Masse, die nicht erfolgreich ist, schiebt diesen Misserfolg auf aeussere Umstande –

auf Familienangehoerige, auf die Kanzlerin, auf das System usw.

Dabei ist jeder fuer sein Leben selber verantwortlich.

Sie kennen mit Sicherheit die Storys vom Tellerwaescher zum Millionaer und weitere Erfolgsgeschichten.

Ein Beispiel ist Sylvester Stallone, der sehr arm in New York mit seiner Frau lebte und jedoch wusste, dass er ganz oben landen kann, wenn er sein Manuskript (Rocky) in Hollywood zum Film machen laesst. Er glaubte an sich selbst, machte niemanden schuldig und verantwortlich fuer seine aeusseren armen Umstaende und stellte sein Rocky Manuskript in Hollywood vor.

Das Manuskript gefiel der Produktion,

Rocky sollte jedoch nicht der Hauptdarsteller sein. Rocky verneinte und sagte dem Producer, dass er das Manuskript nur zum Film machen laesst und verkauft, wenn er Rocky spielen darf.

Und er glaubte an sich und Sie wissen, dass es ein Erfolg in den 80ern wurde.

Er machte niemanden fuer seine Umstaende verantwortlich, akzeptierte kein "nein" vom Producer und glaubte an sich und seinen Traum.

Und genau so sollten Sie ebenso vorgehen, wenn Sie im Leben vorwaerts kommen wollen.

Haben Sie Ziele, haben Sie einen Plan, wie Sie das Ziel erreichen wollen und akzeptieren Sie ausschliesslich dieses Ziel und machen Sie niemanden dafuer verantwortlich wie es Ihnen heute geht, denn Sie sind genau dort, wo Sie hinwollten und nirgendwo anders.

Fassen Sie sich selber an die Nase, denn Ihre Gedanken (Ihre innere Welt) spiegelt Ihre aeussere Welt. Und wenn Sie negative Dinge erlebt haben, dann hat Ihr Unterbewusstsein dieses unbewusst gewuenscht. Machen Sie dafuer niemanden verantwortlich, ausser sich selber!

Seien Sie daher sehr behutsam in Ihren Gedankengaengen und eliminieren negative Gedanken und ersetzen Sie sie sofort durch positive Gedankengaenge.

Wenn Sie weiterhin angestellt sind, dann haben Sie noch nicht 100% akzeptiert, dass Sie die Verantwortung fuer Ihr Leben uebernehmen muessen, denn so bestimmt Ihr Boss, wie Ihr Leben/Ihre Arbeit aussehen.

Wenn Sie selber eine Firma fuehren, Selbstaendig sind, dann haben Sie damit begonnen zu lernen, dass Sie sich selber wie Phoenix aus der Asche an die Spitze katapultieren koennen.

Ein Beispiel:
Wenn Ihnen 10000 Euro von Ihrem Konto unberechtiger Weise genommen werden, weil Sie sich unvorsichtig verhalten haben, dann machen Sie nicht die Diebe dafuer verantwortlich sondern sich selber.

Denn die Diebe haben Sie als Opfer ausgesucht, weil Sie Ihr Smartphone nicht abgesichert haben und so konnten die Diebe durch klonen und hineinspionieren in Ihr

Smartphone alle Ihre Passwoerter erhalten und es war ein leichtes Vorgehen, an das Geld auf Ihrer Bank durch Onlinezugang zu gelangen.

Wenn Sie nun denken, dass es das war und Sie sich ein weiteres Leben nicht vorstellen koennen, weil Sie nun Verfolgungsaengste haben und Sie dadurch auf die Strasse landen und die boesen Diebe dafuer fuer immer und ewig verantwortlich machen und die Schuld auf Ihre Bank schieben, dann kommen Sie niemals damit weiter und sind sehr weit zurueck in Ihrer Entwicklung.

Gelegenheit macht Diebe. Provozieren Sie diese nicht durch Ihre Leichtsinnigkeit.

Oder lassen Sie Ihre Haustuer aufgeschlossen, wenn Sie das Haus verlassen? Mit Sicherheit verschliessen Sie

sie.

Ich will mit diesem Beispiel nicht sagen, dass die Diebe im Recht handelten und waren mit dieser Tat, sondern ich zeige Ihnen damit deutlich auf, dass Sie es vermeiden koennen, wenn Sie selber Verantwortung tragen und vorsorgen und sich absichern.
Lassen Sie dabei jede Schuldzuweisung gegenueber der Bank oder den Dieben aussen vor, denn Sie erreichen damit gar nichts und verschwenden unnoetigerweise Ihre Energie.

Starten Sie zuerst bei sich selbst und dann kommen Sie dem Erfolg weiter und werden auch nicht aufgehalten.
Wenn Sie Verantwortung uebernehmen, zeigt das einen grossen Charakter und zeugt von Groesse und Fuehrungsstaerke.

18. Tun Sie das und Sie werden zu 100% finanziell unabhaengig

Folgen Sie nun allen Punkten in diesem Buch und notieren Sie sich die wichtigsten Inhalte. Drucken Sie das Buch aus.

Nur wenn Sie es sich taeglich verinnerlichen, werden Sie finanzielle Erfolge erreichen, die bis zur finanziellen

Unabhanegigkeit gelangen.

Es reicht nicht, dass Sie nur dieses Buch lesen und es dann zur Seite legen oder in Ihrem eReader im Archiv belassen. Theorie hat noch niemanden vorwaerts gebracht. Sie sollten das gelernte Wissen umsetzen und das mit absoluter Regelmaessigkeit. Lassen Sie sich nicht ablenken!

Ich habe auf meinem <u>Blog einen Blogpost</u> veroeffentlicht, wieso unter den wohlhabendsten Leuten weltweit die Deutschen nicht unter den TOP 10 weltweit vertreten sind. Dieser ist <u>hier</u> zu lesen.
Ich will Ihnen dazu kurz den Grund nennen:

Die deutsche Mentalitaet gibt sich mit dem Mittelmaessigen zufrieden und die Leute geben zuviel fuer Reisen aus (Reiseweltmeister) und der Grossteil investiert nur in Sparbeuchern und nicht in anderweitige gewinnbringende Anlagen.

Der Hauptgrund ist der, dass Deutsche nicht handeln, wenn es um die Umsetzung zur finanziellen Freiheit geht und/oder sogar falsch handeln.

Durch machen kommt der Erfolg. Der Erfolg tritt nicht dadurch ein, dass Sie darauf warten, dass der Erfolg eintritt.

Sie muessen etwas dafuer tun. Starten Sie jetzt!

Ich wuensche Ihnen viel Erfolg und als Autor und Business-Coach freue ich mich, wenn ich Ihnen auf Ihrem Weg zur finanziellen Freiheit persoenlich weiterhelfen kann, indem ich Ihnen nochmals ein 30-minuetiges Gratis Online

Coaching per Skype anbiete:
http://www.SoerenGelder.com/Coaching.html

Wenn Sie keine Live-Gespraeche moege und denken, dass
Sie keinen Coach benoetigen, dann biete ich Ihnen andere
Moeglichkeiten an, um an das Wissen zu gelangen, indem Sie
sich hier eintragen:
http://www.IhrEbook.de

Ich bedanke mich fuer Ihre Zeit, die sich
genommen haben, was mir zeigt, dass Sie
den ersten Schritt machten, um Ihre
Situation zu verbessern.

Autor und Coach
Soeren Gelder

Vervielfaeltigung, auch stellenweise, nicht erlaubt.

http://SoerenGelder.blogspot.com – Der Blog des Autors seit 2009 – Erhalten Sie per Newsletter wertvolle Updates

http://www.twitter.com/gelder – Mehr als 56000 follower wissen's seit August 2008

http://www.facebook.com/OnlineBusinessStart – Mehr als 5000 gefaellt's seit 2011

http://www.IhrEbook.de – Mehr als 50 Werke von Soeren Gelder seit 2008

http://www.SoerenGelder.com

http://www.youtube.com/user/kopierenundeinfuegen – Mehr als 400000 Videobesucher seit Maerz 2008

http://www.Pinterest.com/gelder – Mehr als 1000 follower seit Januar 2012 http://Instagram.com/autorsoerengelder – Mein iPhone/Samsung Fotohobby mit mehr als 5000 follower seit 2012

Alle Amazon Kindle Download Angebote von Soeren Gelder